소니아 소토마요르 Sonia Sotomayor

글을 쓴 소니아 소토마요르는 미국 뉴욕 브롱크스에서 태어나 프린스턴 대학교를 졸업하고 예일대 법대에서 법학전문석사 학위를 받았습니다. 이후 뉴욕카운티 지방검사보를 거쳐 파비아&하코트에서 변호사로 근무한 뒤 1991년에는 미국 조지 H.W. 부시 대통령의 지명으로 뉴욕 남부지법 연방지법판사를, 1997년에는 클린턴 대통령의 지명으로 제2연방항소법원 판사를 맡아 일했습니다. 소니아 소토마요르는 2009년 버락 오바마 대통령의 지명을 받고 국회 인준을 통과함으로써 사상 최초로 히스패닉계 미 연방대법원 대법관이 되었습니다. 저서로는 《소토마요르, 희망의 자서전》, 《페이지를 넘기며 Turning Pages》 등이 있습니다.

라파엘 로페즈 Rafael López

그림을 그린 라파엘 로페즈는 《드럼 드림 걸 Drum Dream Girl》과 《열정의 책 Book Fiesta》으로 푸라 벨프레 Pura Belpré 메달을 받았고 세 번의 푸라 벨프레 아너, 두 번의 아메리카 북 어워드, 2017년 토머스 리베라 어린이책 어워드, 일러스트레이터협회 순수예술 실버 메달 등을 수상했습니다. 로페즈는 허핑턴포스트와 그래픽디자인 USA, 연간 아메리칸 일러스트레이션, 커뮤니케이션 아트 등과 작업했으며, 샌디에이고 도심 예술길 Urban Art Trail 운동을 주도하기도 했습니다. 7개의 미국 우편도장을 디자인했고 2008년과 2012년 미국 민주당의 오바마-바이든 대선 캠페인 공식포스터도 만들었습니다.

김보람

영문 원작을 우리말로 옮긴 김보람은 신문방송학을 공부하고 언론사와 출판사에서 일했습니다. 2020년 현재 유엔교육과학문화기구(UNESCO)에서 발행하는 《유네스코뉴스》의 편집장을 맡고 있으며, 다양성과 다문화, 관용과 평등에 관한 책들을 소개하고 우리말로 옮깁니다. 옮긴 책으로 《엄마와 나》, 《스텔라네 가족》, 《남자가 울고 싶을 땐》, 《엉뚱한 아이를 다루는 법》 등이 있습니다.

  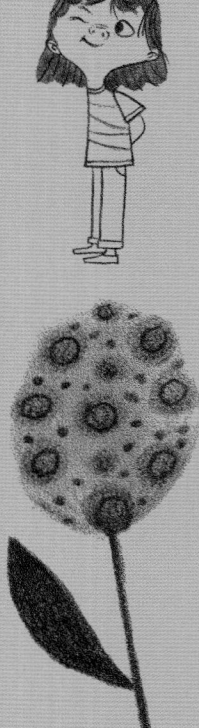

JUST ASK!
그냥 물어봐!
용기를 내. 달라도 괜찮아. 넌 그냥 너니까

소니아 소토마요르 글 · 라파엘 로페즈 그림 · 김보람 옮김

불의여우

피터 쿠가시안에게,

당신은 근위축성측삭경화증이라는 큰 병이 주는 고통마저도
빼어난 유머감각과 개성, 그리고 당신이 다른 사람들에게 선사한 소중한 기억들을
결코 앗아갈 수 없다는 사실을 보여 주었습니다.

- 소니아 소토마요르

세쿼이아 나무처럼 힘센 내 아들, 산티아고를 위해

- 라파엘 로페즈

책을 읽는 독자들께

저는 1954년 6월 25일에 태어나 일곱 살이 되던 1961년에 소아당뇨를 진단받았습니다. 이 병 때문에 또래 친구들이 하지 않아도 되는 일을 늘 해야만 했습니다. 그럴 때마다 '난 어딘가 다른 사람이구나' 하고 느끼면서요. 스스로 인슐린 주사를 놓을 때면 친구들의 호기심 가득한 눈빛을 느낄 수 있었습니다. 하지만 그 누구도 저에게나 제 부모님, 혹은 선생님께 그것에 대해 물어보지는 않았습니다. 친구들이 내가 뭔가 잘못하고 있다고 생각한다는 느낌을 받은 적도 많았습니다.

세월이 지나면서 세상에는 수많은 종류의 삶이 있고, 자신을 다르다고 느끼는 사람이 저뿐만이 아니라는 사실을 알게 되었습니다. 그러한 '다름'이 우리를 얼마나 강하게 만들어 주는지를 알리기 위해 이 이야기를 썼습니다.

어린 시절에 제가 그랬던 것처럼, 어떤 아이들은 때로 매우 힘들고 혼란스러운 현실을 마주하게 됩니다. 다른 친구들은 사용할 필요가 없는 도구나 약을 써야 할 때도 있고, 누구도 이해할 수 없는 어려움과 맞닥뜨리는 때도 있습니다. 하지만 이 모든 어려움은 자신을 더 강하게 만들어 주기도 합니다.

이 이야기 속에서 여러분 자신의 이야기나 주변 친구의 이야기를 찾을 수 있으면 좋겠습니다. 우리가 서로 다르다는 사실을 이해하고 나면, 그것이 위안이 되고 힘이 된다는 사실도 잊지 않기를 바랍니다. 이런 차이에도 불구하고 우리 모두에게 공통점이 많다는 것도 깨달으면 좋겠습니다. 차이를 두려워하거나 무시하는 대신, 함께 그것을 탐구하고 이야기해 보세요. 그리고 이 한 가지만 기억하세요.

누군가 다른 행동을 하고 있고 왜 그런지 궁금할 때면, **그냥 물어보면 된다는 것을요!**

Sonia Sotomayor

안녕, 난 **소냐**야. 나는 친구들과 함께 뒷동산을 가꾸고 있어.

이곳에서 수많은 식물이 꽃을 피우는 모습은 정말 신비로워. 모든 꽃과 열매, 잎사귀들은 똑같은 것이 하나도 없어. 냄새도 다르고 색깔도 다르고 모양과 역할도 제각각이지. 햇빛을 많이 쬐야 예쁘게 피는 꽃도 있고 그늘에 꼭꼭 숨어서 자라는 풀도 있어. 쓱싹쓱싹 가지치기를 좋아하는 나무도 있지만 그냥 내버려 두어야 잘 자라는 나무도 있어. 쉽게 상처받고 시들어버리는 식물이 있는가 하면, 정말 억세고 꿋꿋한 식물도 많지.

제각각 다르기는 우리도 마찬가지야. 늘 재빠른 아이가 있고 뭘 하든 시간이 오래 걸리는 아이도 있어. 조용조용한 부끄럼쟁이가 있는가 하면 쩌렁쩌렁한 목소리로 쉴 새 없이 떠드는 아이도 있지. 한눈에 다른 점이 눈에 띄기도 하지만, 한참을 들여다봐야 다르다는 걸 알 수 있기도 해. 누구나 자라나는 모습이 다르기 때문이야. 그러니 만약 친구에게서 나와 다른 점을 발견하고 왜 그런지 궁금하다면, **그냥 물어봐!**

다른 사람이 자신에 대해 물어보는 걸 좋아하지 않는 친구도 있지만, 난 아무렇지 않아. 그래서 내가 지금 뭘 하고 있느냐고? 나는 하루에 몇 번씩 바늘로 손가락을 찔러서 핏속에 포도당이 얼마나 들어 있는지 살펴봐야 해. 그리고 인슐린이라는 약이 들어 있는 주사를 혼자서 놓지. 당뇨병 때문이야. 보통 사람들은 몸속에서 스스로 인슐린을 만들지만 당뇨병을 앓는 사람은 그러질 못하거든.

사실 이렇게 하는 게 아프고 무서울 때도 있어. 하지만 그럴 때마다 나는 건강하게 살기 위해 힘껏 용기를 내.

너는 건강하게 지내기 위해 약을 먹어본 적 있니?

응, 난 있어. 내 이름은 **라파엘**이야. 난 천식을 앓고 있어서 가끔 숨을 제대로 쉬기가 힘들어. 그럴 때마다 잠깐 쉬면서 흡입기로 약을 들이마셔야 해. 이렇게 잠시 조용히 멈춰 있으면 천천히 숨을 고르는 데 도움이 돼.

흡입기는 내 몸이 힘들 때 쓰는 도구야.
너도 필요할 때 도구를 쓴 적이 있니?

응, 나는 **앤서니**라고 해. 난 돌아다니려면 휠체어가 꼭 필요해.
두 다리로 뛰어다니진 못해도 이것만 있으면 쌩쌩 달릴 수 있지.

너는 어떻게 돌아다니니?

나는 **매디슨**이야. 앞을 볼 수 없어서 어딜 가야 할 때면 안내견 럭키가 날 도와줘. 내 친구 **아르투로**도 앞을 볼 수 없어서 돌아다닐 때 지팡이를 써. 우린 앞을 보진 못해도 그 덕분에 다른 감각이 뛰어나. 다른 친구들이 놓치는 걸 느낄 수도 있어. 귀로 소리를 듣고 코로 냄새를 맡고 손으로 만져 보면서 말이야.

난 **비제이**야. 나는 좀 다른 방법으로 세상을 느껴.
앞을 볼 수는 있지만 소리를 들을 수 없거든.
보통 표정과 손을 써서 수어로 다른
사람들과 이야기를 해. 새로운 언어를
배운다는 건 언제나 멋진 일이지.

난 **비앙카**라고 해. 나에겐 난독증이 있어서 무언가를 읽거나 쓸 때 엄청 애를 써야 해. 시간도 오래 걸려. 그래서 가끔은 이런 나를 도와줄 컴퓨터를 써. 난 이것저것 직접 해 보면서 배우는 것을 정말 좋아해. 내 머릿속은 온갖 상상들로 가득 차 있고, 마음속에 떠오르는 장면을 멋지게 그리는 일은 정말 자신 있어.

난 공룡 박사야. 공룡에 관해서라면 뭐든 물어봐! 아참, 나는 **조던**이라고 해. 자폐성 장애가 있지. 장난감 공룡들의 숫자를 세고 또 세고, 그것들을 정리하고 또 정리하다 보면 마음이 편안해지곤 해. 내 친구 **티아나**에게도 자폐성 장애가 있는데, 티아나는 나랑 또 달라. 말을 전혀 하지 않거든. 난 이야기 하는 걸 좋아하는데 말이야. 특히 공룡에 관한 것이라면 무엇이든.

난 이야기를 하는 것보다는 듣는 것을 좋아해. 무슨 얘기든 잘 들어준단다. 내 이름은 안이야. 내겐 말더듬증이 있어서 말을 하다가 꽉 막히거나 같은 말을 자꾸만 되풀이하곤 해. 그래서 내 생각을 말하는 데 좀 오래 걸리기도 하고 부끄러워서 아무 말도 못 할 때도 있어. 그래도 다른 사람이 무슨 말을 하는지, 지금 무슨 일이 일어나고 있는지는 아주 잘 이해하고 있단다.

너는 사람들이 널 잘 이해하고 있는지
궁금한 적 없니?

그런 적 있지. 나는 **줄리아**라고 해. 나는 나도 모르게 갑자기 얼굴을 찌푸리거나 이상한 소리를 낼 때가 있어. 투렛증후군을 앓고 있거든. 사람들은 내가 다른 사람 말을 듣지 않고 아무렇게나 행동한다고 생각하기도 하지만 그건 사실이 아니야. 나는 다 듣고 있어. 그런데 나는 내가 왜 이러는지 설명하는 게 싫을 때가 있어. 그건 엄청 답답한 일이거든. 그렇지만 사람들에게 내 행동이 나도 모르게 저절로 나온다고 설명해 주는 것은 분명 도움이 되기는 해.

나는 **마누엘**이야. ADHD라고 불리는 주의력결핍 과잉행동장애가 있지.
나는 얌전히 앉아 있어야 할 때도 막 돌아다니고 싶어져. 그럴 때면
정말이지 너무너무 답답해. 무언가를 잊어버리거나 집중을 못 할 때도 많아.
하지만 친구들과 선생님이 참을성 있게 기다려 주면, 나는 안심하고 다시
제자리로 돌아올 거야.

나는 **놀런**이라고 해. 난 먹기 전에 음식 포장지를 확인해야 안심이 돼. 땅콩 알레르기가 있어서 '무 견과류'라고 적혀 있는 것만 먹을 수 있거든. 실수로라도 땅콩을 먹으면 아파서 병원에 가야 할 수도 있어. 그래서 나는 음식에 그게 들어있지 않는지 늘 확인하고 주위 사람들에게 먼저 내 알레르기를 이야기해. 내 건강을 지키기 위해 미리 말하고 물어보는 거야.

넌 어떻게 네 생각을 말하니?

난 노래를 부르고 말하는 것을 무척 좋아해. 새로운 친구를 사귀고 어울리는 것도 좋아하지. 내 이름은 **그레이스**야. 태어나면서부터 다운증후군을 앓고 있어. 내겐 우리 몸을 만드는 염색체가 다른 사람들보다 하나 더 있어. 같은 다운증후군을 앓더라도 우린 각자 다르단다.

난 친구들이 할 수 있는 일은 뭐든 다 할 수 있지만 그걸 배우는 데는 시간이 더 걸려. 그래서 새로운 걸 배울 땐 질문을 정말 많이 해.

다시 나야, **소니아**!

나도 질문을 많이 해! 뭔가 다르거나 새로운 게 눈에 띄면 나는 그냥 물어봐. 부모님이나 선생님께 말이야. 그러면 친구들이 나에게 설명해 주기 어려운 것도 알기 쉽게 설명해 주시거든. 그렇게 하면서 내가 알게 된 사실이 하나 있어. 그 이야기를 해 줄게.

만약 뒷동산에 똑같은 식물만 자란다면 어떨 것 같아? 예를 들면 온통 콩만 자라는 거야. 그러면 딸기도, 오이도, 당근도 없을 거야. 키 큰 나무도 없고, 빨간 장미나 노란 해바라기도 없겠지. 제각각 다른 식물들이 어울려 자라야 산이 아름다워지는 것처럼, 우리가 사는 마을과 이 세상도 서로 다른 사람들이 모여 살기 때문에 더 신나고 재미있는 거야.

산에 있는 식물들처럼 우리는 모두 특별한 힘을 갖고 있어. 그 힘을 함께 나눈다면 세상은 훨씬 멋지고 살기 좋은 곳이 될 수 있지 않을까?

책이 나오기까지 도와주신 분들

카말라 구루라자Kamala "Mala" Gururaja는 남들과 좀 다르지만 용기와 끈기와 집념을 갖고 살아가는 아이들에 관한 이야기를 쓰는 데 영감을 주었습니다. 책에는 제가 살아가면서 만난 아이들의 실제 이름을 쓰기도 했습니다. 맞아요. 바로 당신이 이 이야기의 모델이라는 뜻이에요. 물론 이 책에 나온 아이들이 완전히 그 아이들과 똑같다는 것은 아니지만요.

루비 샤미르Ruby Shamir가 준 도움은 이루 말할 수 없이 큽니다. 루비, 내가 이 책에 관한 구상을 포기하지 않도록 붙잡아 주어서 정말 고마워요. 그리고 늘 그렇듯 친구 자라 하우쉬먼드Zara Houshmand 덕분에 제 글이 좀 더 읽을 만해졌습니다.

정말 뛰어난 삽화가인 라파엘 로페즈Rafael López와 함께 이 책을 만들 수 있어 영광이었어요. 사랑과 관심으로 아이들의 모습을 표현해 주어서 고맙습니다. 질 산토폴로Jill Santopolo, 그리고 편집에서부터 제작과 홍보까지 열심히 맡아 준 펭귄 랜덤하우스의 모든 팀원들이 보여준 빼어난 감수성과 재능, 인내심에도 경의를 표합니다.

번스타인 에이전시의 피터Peter와 에이미 번스타인Amy Bernstein 부부, 제 변호사인 존 시퍼트John S. Siffert와 마크 메리먼Mark A. Merriman의 조언도 언제나 탁월했어요. 제 모든 일에 깊이 관여해 온 어시스턴트들인 수잔 아나스타시Susan Anastasi, 안 리Anh Le, 빅토리아 고메즈Victoria Goméz, 그리고 한글 번역을 검수한 김수연Suyeon Kim에게도 감사를 표하고 싶어요.

이 책의 여러 가지 초안을 모두 읽고 평가해 준 사람들과 필요한 정보를 제공해 준 기관들의 노고도 빼놓을 수 없습니다. 대부분 제 친구이기도 했지만, 그렇지 않더라도 책에 정확한 묘사를 담기 위해 기꺼이 자신의 전문 지식을 제공해 준 전문가들이 많았습니다. 모든 조언과 아이디어와 지식에 고마움을 표하며, 그 이름들을 알파벳 순으로 적습니다.

Brooke Adler, Jenny Anderson, Diane Artaiz, Autism Speaks, Theresa Bartenope, Talia Benamy, Jed Bennett, David Briggs, Rachael Caggiano, Jennifer Callahan, Dr. Rebecca Carlin, Tricia Cecil, Sharon Darrow, Dr. Andrew Drexler, Cheryl Eissing, Suzanne Foger, Lisa Foster, Miriam Gonzerelli, Aurelia Grayson, Matthew Grieco, Dr. Kristen Harmon, Alejandro Herrera, Trish Ignacio, Robert A. Katzmann, Denise Konnari, Elizabeth Lunn, Dr. Alison May, Marisa Herrera Postlewate, Amy Richard, Dr. Corinne Rivera, Dr. Carol Robertson, Dr. Dimitra Robokos, Ricki Seidman, Dr. Juan Sotomayor, Kristine Thompson, and C.J. Volpe.

JUST ASK !
by Sonia Sotomayor, illustrated by Rafael Lopez

Text copyright © 2019 Sonia Sotomayor
Illustrations copyright © 2019 Rafael Lopez

All rights reserved including the right of reproduction in whole or in part in any form. This Korean edition was published by HB Books in 2020 by arrangement with Philomel Books, an imprint of Penguin Young Readers Group, a division of Penguin Random House LLC through KCC(Korea Copyright Center Inc.), Seoul.

이 책은 ㈜한국저작권센터(KCC)를 통한 저작권자와의 독점계약으로 에이치비에서 출간되었습니다. 저작권법에 의해 한국 내에서 보호를 받는 저작물이므로 무단전재와 복제를 금합니다.

불의여우 그림책

그냥 물어봐!

초판 1쇄 2020년 5월 13일 초판 2쇄 2021년 12월 29일
글 소니아 소토마요르 그림 라파엘 로페즈 옮긴이 김보람
편집·디자인 에이치비 제작 세걸음
펴낸곳 에이치비 (인천광역시 부평구, 등록 제2014-0000009호)
전화 070-7776-3694 팩스 0303-3444-3694 홈페이지 better-story.com
메일 HB@better-story.com 인스타그램 @revontulet_hb
ISBN 979-11-952695-7-0 (77840)

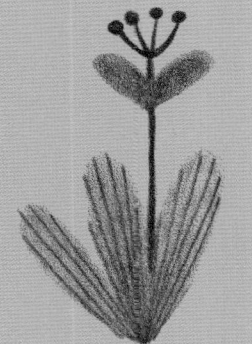

불의여우 도서 동영상 프리뷰 보기
불의여우는 더 나은 이야기를 하고 싶은 출판사,
에이치비가 만드는 아동도서 출판 브랜드입니다.

◦ 값은 표지에 있습니다. ◦ 잘못 만들어진 책은 바꾸어 드립니다.

어린이제품 안전특별법에 의한 기타표시사항

| 제품명 그냥 물어봐! | 제조자명 에이치비 출판사 | 제조국명 대한민국 | 사용연령 4세부터 |

⚠ 아이들이 책을 입에 대거나 모서리에 다치지 않게 주의하세요.